**Tüfteln, knobeln, experimentieren:
Wenn du etwas Geniales erfinden willst,
brauchst du Zeit, Geduld –
und natürlich eine richtig gute Idee!**

Inhalt

Das gibt es alles zu entdecken!

Sag mal ...

Theo, 8 Jahre

»Wann wurde das erste Brettspiel der Welt erfunden?«

»Ganz genau weiß man das nicht. Aber das älteste erhaltene Brettspiel heißt Senet. Es wurde in einer ägyptischen Grabstätte gefunden und ist rund 5 200 Jahre alt.«

Wie stellst du dir die Erfindungen der Zukunft vor?

Echt genial!

Weltbewegende Erfindungen

Manche Erfindungen waren so genial, dass sie das Leben unzähliger Menschen von Grund auf veränderten. So brachte das Rad die Entwicklung neuer Transportmittel ins Rollen, die Batterie sorgte für mehr Energie und das Telefon verband Menschen auf der ganzen Welt.

ca. 3200 v. Chr.

Rad
Die ersten Räder sind runde Scheiben aus Ton oder Holz. Sie werden mit einer Achse an einem Schlitten befestigt: Fertig ist der rollende Karren. Bis heute hält das Rad unzählige Fahrzeuge und Maschinen in Bewegung.

ca. 1440

Moderner Buchdruck
Das neue Druckverfahren von Johannes Gutenberg bringt Schwung in die Buchherstellung: Denn damit lässt sich schneller und günstiger drucken als mit den alten Techniken. Und weil es nun mehr Lesestoff gibt, können sich auch Informationen schneller verbreiten.

1712/1769

Dampfmaschine
Egal ob Pumpe, Mühle oder Webstuhl: Die Dampfmaschine treibt die unterschiedlichsten Maschinen an. Erfunden hat sie Thomas Newcomen. Doch erst James Watt baut eine zuverlässig laufende Dampfmaschine, die die Arbeitswelt grundlegend verändert.

AUF IN DIE ZUKUNFT!
Lange Zeit rollen Dampflokomotiven über die Gleise. Später werden sie von Loks mit Dieselmotor abgelöst. Heute fahren Züge auch mit Biokraftstoff oder Elektroantrieb.

Computer

Konrad Zuse ist der Erste, der einen vollautomatischen und programmierbaren Rechner vorstellt. Doch auch in den USA wird fleißig an neuartigen Computern gearbeitet.

1941

Telefon

Philipp Reis erfindet den ersten funktionierenden Fernsprecher. Der ist aber nicht leicht zu benutzen. Ganz anders die Telefone, die Alexander Graham Bell einige Jahre später herstellt.

1861

World Wide Web

Tim Berners-Lees Erfindung stößt zunächst auf wenig Interesse. Erst als sich sein weltweites Netz herumspricht, ändert sich das. Ein Leben ohne Internet? Undenkbar!

1989

Lokomotive

Schon als junger Mann erwirbt sich George Stephenson den Ruf als »Maschinendoktor«. Er verbessert die von Richard Trevithick gebaute Lokomotive. So macht er sie zum Transportmittel der Zukunft.

1815

1965

Kevlar®

Die von Stephanie Kwolek erfundene Kevlar-Faser ist sehr leicht, stärker als Stahl, feuerfest und kugelsicher. Heute steckt sie in der Schutzausrüstung der Feuerwehr, der Polizei und in Raumanzügen.

Impfung

Edward Jenner impft einen Jungen gegen Pocken. Damit gelingt es erstmals, Menschen mithilfe einer Impfung vor einer gefährlichen Krankheit zu schützen.

1796

Batterie

Der Physiker Alessandro Volta erforscht das bislang rätselhafte Naturphänomen Elektrizität. Außerdem erfindet er die erste Batterie.

1800

Schärfer, größer, weiter!

Kleines Ding mit großer Wirkung

In deinem Auge sorgt eine natürliche Linse dafür, dass du scharf sehen kannst. Seit der Erfindung der künstlichen Linse sieht auch die Wissenschaft klarer. Denn die durchsichtigen Scheiben stecken nicht nur in Brillen, Lupen und Kameras, sondern auch in Fernrohren und Mikroskopen.

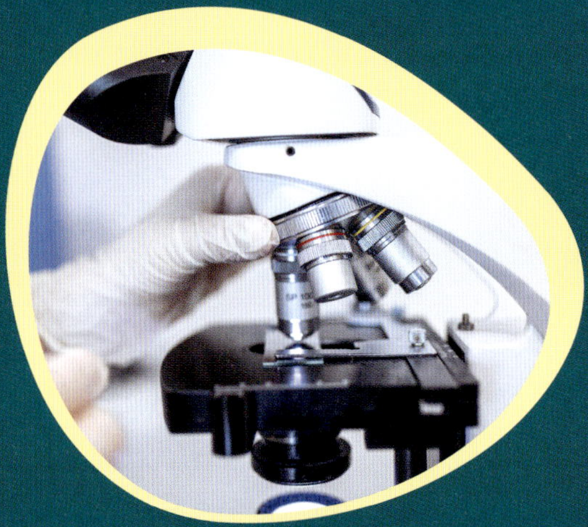

DIE WELT DES KLEINSTEN
Erst das Wissen über Zellen, Bakterien, Viren und Pilze brachte entscheidende Fortschritte in den Naturwissenschaften und der Medizin.

Was macht die Linse im Mikroskop?

Künstliche Linsen bestehen aus Glas oder Kunststoff und haben eine besonders gekrümmte Oberfläche. Fällt Licht durch eine Linse, verändert sie den Weg der Lichtstrahlen. Dadurch siehst du Dinge schärfer oder größer. Eingebaut in einer Brille verbessern Linsen deine Sehkraft. Im Mikroskop machen sie sichtbar, was du mit dem bloßen Auge nicht sehen kannst: zum Beispiel Zellen, Viren und Bakterien.

Mit dem Fernrohr ins Weltall

Das Fernrohr holt Bilder von weit entfernten Dingen näher heran, zum Beispiel von Planeten und Monden. So ermöglicht es auch die Erforschung des Weltraums. Lange glaubten die Menschen, dass die Erde im Mittelpunkt des Universums stünde. Doch mit der Erfindung des Fernrohrs wurde klar: Was für ein Irrtum! Galileo Galilei und andere kluge Menschen beobachteten mit ihren Fernrohren die Planeten – und konnten so schließlich beweisen, dass die Erde um die Sonne kreist.

Entdecke selbst!

Ein Wassertropfen als Lupe? Klar, das geht! Nimm ein Stück Klarsichtfolie und lege es auf eine Zeitung. Tropfe einen großen Wassertropfen darauf: Siehst du, wie die Schrift darunter größer erscheint? Das liegt daran, dass der gewölbte Wassertropfen die Form einer Linse hat.

Nachricht für dich

Vom Brief zum Smartphone

Ein Brief aus den USA? Darauf hättest du vor 200 Jahren mindestens zwei Wochen warten müssen. Denn die Post reiste mit dem Schiff über den Ozean. Zum Glück geht's heute schneller: So rasen digitale Nachrichten in Sekundenschnelle um den Globus. Doch bis es soweit war, musste einiges erfunden werden.

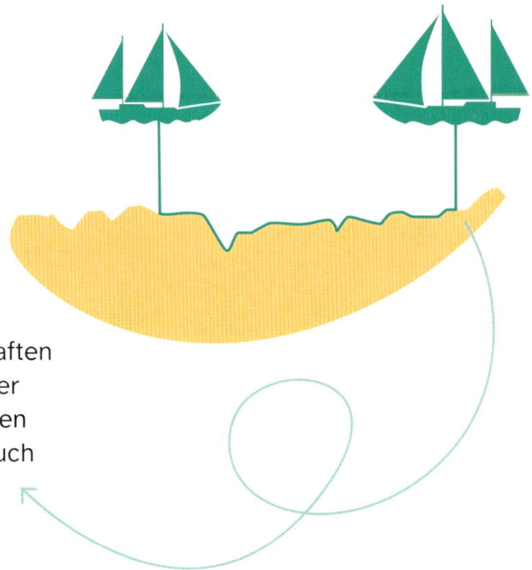

KABEL UNTER WASSER
1866 wurden die ersten dauerhaften Telegrafen-Kabel mithilfe riesiger Schiffe zwischen England und den USA verlegt. Nun konnte man auch über den Atlantik telegrafieren.

Wochenlanges Warten

Bis ins 19. Jahrhundert wurden Briefe per Bote, Kutsche oder Schiff verschickt. Erst der von Samuel Morse erfundene Telegraf änderte das. Mithilfe von elektrischen Signalen ließen sich nun Nachrichten über Kabel schicken: Sie wurden in einen Code aus Punkten und Strichen umgewandelt und auf Papier übertragen. Von Europa in die USA brauchte eine Nachricht dann nur noch wenige Minuten.

Ruf doch mal an!

1861 baute Philipp Reis das erste funktionierende Telefon. Als Alexander Graham Bell von Reis' Erfindung erfuhr, nutzte er dessen Ergebnisse für seine eigenen Überlegungen. Am 14. Februar 1876 meldete er seine Idee zum Patent an, obwohl er noch kein funktionierendes Gerät gebaut hatte. Zwei Stunden später machte Elisha Gray dasselbe – mit einem funktionstüchtigen Modell. Trotzdem erhielt Bell das Patent. Schon bald klingelten an vielen Orten die Telefone.

Unterwegs telefonieren

1886 wies der Physiker Heinrich Hertz elektromagnetische Wellen nach. Die Forscher Guglielmo Marconi und Karl Ferdinand Braun nutzten diese unsichtbaren Wellen, um drahtlose Telegrafen zu entwickeln. Damit war der Weg frei für die moderne Funktechnik – und später auch für das Mobiltelefon. Den ersten Anruf mit einem Mobiltelefon machte Martin Cooper aber erst 1973. Zehn Jahre später konnten die ersten Geräte gekauft werden.

Kleine Alleskönner

Vor rund 30 Jahren wurden die ersten Kameras ins Handy eingebaut. Zudem gelang es Susie Armstrong, das Internet mit dem Mobilfunk zu verbinden. Ein wichtiger Schritt für die Entwicklung des Smartphones. Steve Jobs versah es mit einem besonderen Bildschirm, dem Touchscreen. Mit der Zeit folgten weitere Funktionen wie die Sprachsteuerung. Und die Entwicklungen gehen weiter: zum Beispiel, indem Smartphones mit Künstlicher Intelligenz ausgestattet werden.

STEVE JOBS WAR EIN VISIONÄR
Egal ob iPads, iPhones oder Smartwatches: Die Produkte aus dem von ihm gegründeten Unternehmen sind weltweit erfolgreich.

AHA!

Was ist ein Patent?

Ein Patent schützt deine Idee davor, dass sie jemand nachmacht. Es gibt dir das alleinige Recht, deine Erfindung zu verwenden und sie zu verkaufen.

Volle Fahrt voraus

Die Entwicklung des Autos

Lange waren Pferd und Kutsche die Transportmittel Nummer eins. Doch im 19. Jahrhundert tat sich was: In vielen Werkstätten wurde an neuen Motoren geschraubt. Und nach und nach rollten immer mehr Automobile über die Straßen. Im Laufe der Zeit wurden die Fahrzeuge schneller, bequemer und sicherer.

VOR DEM AUTOMOBIL
Eine Kutschreise dauerte manchmal mehrere Tage und war ziemlich ungemütlich: In der Kutsche war es eng, die Sitze waren hart und die Wege holprig.

Ab jetzt mit Motor!

❶ *Erstes Motorrad*
Nicolaus August Otto entwickelte 1884 einen Verbrennungsmotor. Als Treibstoff diente Gas, das im Motor verbrannt wurde. Gottlieb Daimler verbesserte diesen Motor und machte ihn kleiner und leichter. Dann baute er den benzinbetriebenen Motor in ein Zweirad ein. Das Motorrad war erfunden.

❷ *Erstes Automobil*
1888 stellte Carl Benz das erste Automobil mit Verbrennungsmotor vor. Sein dreirädriges Gefährt ähnelte noch einer Kutsche und wurde erstmal verspottet. Fünf Jahre später präsentierte er das erste vierrädrige Automobil – und das wurde bald ein Erfolg.

❸ *Erster Pkw mit Dieselmotor*
Rudolf Diesel stellte 1897 seinen Dieselmotor fertig. Der starke Motor löste die Dampfmaschine als Antrieb von Schiffen und Lokomotiven ab. Später wurde er auch in Autos eingebaut.

❹ *Autos vom Fließband*
Anfang des 20. Jahrhunderts rollten in der Fabrik von Henry Ford die ersten Autos vom Fließband. Durch die neuartige Massenproduktion wurden die Fahrzeuge günstiger. Und so konnten sich immer mehr Menschen ein Auto leisten.

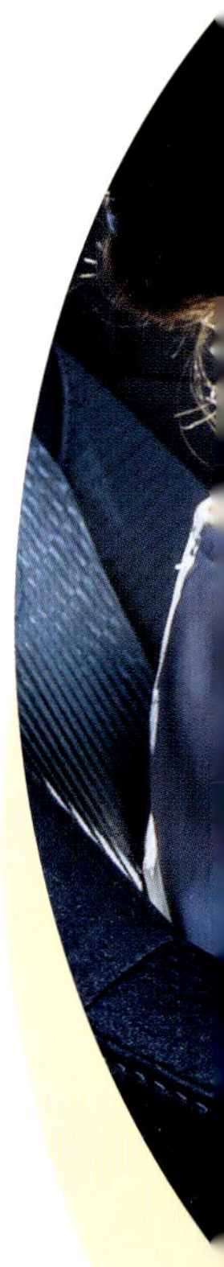

Dampf, Strom oder Benzin?

Von Anfang an experimentierten die Erfinder mit verschiedenen Antrieben: So kamen im 19. Jahrhundert Dampfautos auf. Und in England transportierten Dampfbusse ihre Fahrgäste von London in die Nachbarstädte. Zudem wurden ab 1900 Elektroautos immer beliebter. Doch schließlich setzten sich die Benzinautos durch, denn sie waren preiswerter, schneller und leichter zu bedienen.

Neue Lösungen dringend gesucht!

Bis heute fahren die meisten Autos mit Motoren, die Benzin oder Diesel verbrennen. Doch ihre Abgase verpesten die Luft und beschleunigen den Klimawandel. Moderne Elektromotoren gelten als umweltfreundlichere Alternativen, da sie keine Schadstoffe ausstoßen. Allerdings braucht man für die Herstellung ihrer Akkus Rohstoffe, deren Abbau oft umweltschädlich ist. Deshalb suchen Forschende weltweit nach neuen Lösungen.

»Das Auto ist eine vorübergehende Erscheinung. Ich glaube an das Pferd.«

Kaiser Wilhelm II. (1859–1941)

WO SOLL'S HINGEHEN?
Schon bald könnten Autos auf unseren Straßen unterwegs sein, die vollautomatisch fahren. In den USA werden die ersten Robo-Taxis schon getestet.

»Das einzige Gefährliche am Fliegen ist **die Erde**.«

Wilbur Wright, Flugpionier

Höher, länger, weiter!

VOM HOPSER BIS ZUR MONDLANDUNG
Flugversuche gab es viele in der Geschichte der Menschheit. Doch erst 1783 wurde der Traum vom Fliegen wahr. Damals hob der Heißluftballon der Brüder Montgolfier ab – mit einem Hahn, einer Ente und einem Schaf an Bord. Etwas später stiegen weitere Fluggeräte auf. Zunächst schafften sie nur wenige Meter einen Hügel hinab. Aber schon bald wurden es immer längere Flüge! 1969 landeten die ersten Menschen sogar auf dem Mond. Und heute träumen wir davon, zum Mars zu fliegen.

AHA

Ganz schön viel Verkehr!

Weltweit sind fast jeden Tag mehr als 200 000 Flugzeuge unterwegs. Damit es keine Unfälle gibt, wird der Luftraum ständig von Fluglotsinnen und Fluglotsen überwacht. Auf ihren Computern haben sie alle Flugzeuge im Blick und geben Anweisungen an die Pilotinnen und Piloten.

Ab nach oben!

Der Traum vom Fliegen

ES GEHT AUFWÄRTS!
Beim ersten Flugzeug der Brüder Wright lag der Pilot auf dem Bauch auf der unteren Tragfläche, direkt neben dem Motor.

Flugzeuge kannst du oft am Himmel sehen. Und vielleicht bist du ja auch selbst schon mal geflogen. Lange Zeit konnten die Menschen davon aber nur träumen.

Erste Versuche

Schon vor rund 600 Jahren zeichnete Leonardo da Vinci verschiedene Fluggeräte. Bauen konnte er seine Maschinen aber nicht, weil es noch kein geeignetes Material gab. 1891 hatte Otto Lilienthal mehr Erfolg: Er entwarf ein Fluggerät, mit dem er 25 Meter weit gleiten konnte. Zwei Jahre später wurde sein weiterentwickelter Gleiter das erste Flugzeug, das in einer Fabrik hergestellt und zum Verkauf angeboten wurde.

Mit dem Motorflugzeug in die Luft

Auch die Brüder Orville und Wilbur Wright bauten zuerst einen Gleiter. Als sie ihn problemlos steuern konnten, wagten sie sich an ein motorisiertes Flugzeug. 1903 starteten sie ihren ersten Flugversuch: Ihr Motorflugzeug blieb zwölf Sekunden in der Luft und kam 37 Meter weit. Bereits fünf Jahre später schafften sie mit einem weiterentwickelten Flugzeug 100 Kilometer in knapp zwei Stunden!

WIE EIN VOGEL
Bei diesem Entwurf von Leonardo da Vinci soll man mit Muskelkraft zwei Flügel bewegen, um wie ein Vogel zu fliegen. Doch dafür sind Menschen nicht stark genug.

Wer kam denn da drauf?!

Genial und alltagstauglich

Manche Erfindungen veränderten zwar nicht die Welt, aber sie machten unseren Alltag einfacher, sauberer oder schöner. Wie gut, dass jemand darauf gekommen ist.

Die Spülmaschine

Josephine Cochrane gab gerne Partys – allerdings ärgerte sie sich enorm darüber, wenn ihre Angestellten beim Abspülen das Geschirr zerbrachen. Selbst abspülen wollte sie aber auch nicht. Und so entwickelte sie 1886 die erste Spülmaschine: einen wasserdichten Kupferkessel, in den das Geschirr auf Drahtkörbe gestellt wurde. Zuerst lief die Maschine mit Handbetrieb, später wurde ein Motor eingebaut.

Bunte Klemm-Bausteine

Der Däne Ole Kirk Christiansen entwickelte 1949 bunte, zusammensteckbare Bausteine aus Kunststoff. Sein Sohn verbesserte die Lego®-Bausteine und machte sie stabiler. Eine Idee, die auf der ganzen Welt gut ankam!

Bewegliche Spielfiguren

1974 wurde auf der Nürnberger Spielwarenmesse eine kleine Kunststoff-Figur vorgestellt: Auf ihren Kopf konnten verschiedene Kopfbedeckungen gesteckt werden. Ihre Hände waren so geformt, dass sie Gegenstände halten konnte. Schon bald waren die playmobil®-Figuren in vielen Kinderzimmern zu finden.

Praktisch? Von wegen!

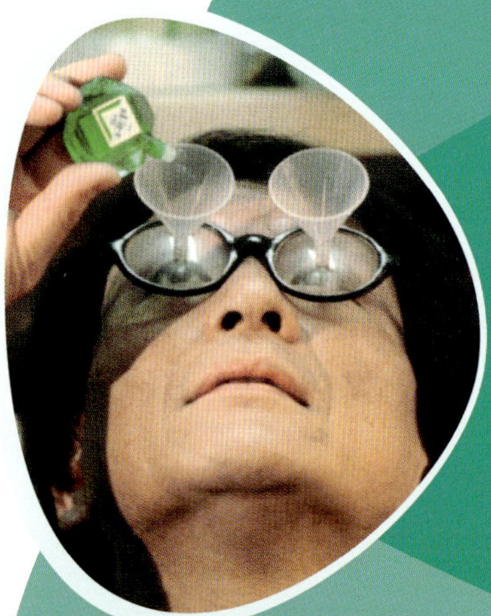

Hast du schon mal von Chindōgus gehört? So werden in Japan lustige und verrückte Erfindungen genannt, die eigentlich unpraktisch sind. Zum Beispiel Kenji Kawakamis Augentropfen-Trichter: eine komplizierte Vorrichtung, mit der man die Augen immer trifft. Oder ein Babystrampler mit aufgenähtem Wischmopp. So kann das Baby beim Krabbeln gleich den Boden reinigen. Ob der Boden danach wohl sauber ist?

OHNE KÜHLSCHRANK
Hier kommt die Kühlung wohl zu spät.

Die Autowaschanlage

Die Unternehmer Gebhard Weigele und Johann Sulzberger hatten genug von dreckigen Autos, die mühsam per Hand gewaschen werden mussten. Deshalb entwickelten sie die erste selbsttätige Autowaschanlage. Sie bestand zunächst aus zwei Bürsten, die um das stehende Auto kreisten. 1964 präsentierten sie eine Waschstraße mit Münzautomat: Waschen und Trocknen liefen darin bereits vollautomatisch – die Kundschaft durfte währenddessen sogar im Auto sitzen bleiben.

Der Reißverschluss

Der Reißverschluss besteht aus zwei Bändern mit kleinen Zähnchen, die mithilfe eines Schiebers ineinander verhakt und voneinander gelöst werden. Eine schnelle Sache, die allerdings erst zu Beginn des 20. Jahrhunderts so richtig gut funktionierte. Bis dahin wurde Kleidung mit Bändern und Knöpfen geschlossen. Das konnte ein Weilchen dauern.

Der elektrische Kühlschrank

Bakterien, Pilze und Keime lassen Lebensmittel verderben – und sie lieben es warm. Deshalb bleibt unser Essen länger haltbar, wenn es gekühlt wird. Bis vor rund 150 Jahren war man dabei auf kalte Keller und Eisblöcke angewiesen. Erst Carl von Lindes Erfindung änderte das: Sein elektrischer Kühlschrank erzeugte erstmals Kälte auf künstlichem Weg.

Stark im Team

GEMEINSAM ERFOLGREICH
Dieses Forschungsteam arbeitet an einem Exoskelett: Es kann Menschen bei schweren Arbeiten unterstützen. Zudem kann es gelähmten Menschen helfen, zum Beispiel beim Stehen oder Laufen.

→ ***Einfacher***
Viele Probleme sind extrem kompliziert. Um sie zu lösen, braucht es das Wissen und die Ideen von vielen schlauen Menschen.

→ ***Leichter***
Jeder Mensch hat Fähigkeiten und Talente. Nutzt man sie zusammen im Team, lassen sich Probleme leichter lösen als allein.

→ ***Schneller***
Mitglieder eines Teams können sich unterstützen und Probleme besprechen. So werden Fehler schnell gefunden, und es geht besser voran.

Wie entstehen Erfindungen?

Sag mal ...

Lina, 9 Jahre
»Was ist der Unterschied zwischen einer Erfindung und einer Entwicklung?«

»Bei einer Erfindung entsteht etwas Neues. Sie löst ein bestehendes Problem. Bei einer Entwicklung wird dagegen etwas Vorhandenes weitergedacht und verbessert.«

Unter einem Erfinder oder einer Erfinderin stellen sich viele Menschen eine Art Genie vor, das allein vor sich hinbrütet, bis es eine Superidee hat. Bestes Beispiel dafür: der geniale Erfinder Nikola Tesla. Doch solche Einzelkämpfer sind heute selten geworden. Stattdessen entstehen die meisten Erfindungen in Teamarbeit.

Alleine die Welt verbessern

Nikola Tesla hatte unzählige Ideen und trieb unter anderem den Ausbau eines Stromnetzes voran. Für viele seiner Erfindungen fertigte er weder Modelle noch Zeichnungen an. Er plante und baute sie komplett in seiner Vorstellung. Dann setzte er sie direkt um. An Geld und Ruhm war er nicht interessiert. Stattdessen wollte er die Kräfte der Natur nutzbar und die Welt besser machen.

Zusammen die Welt verbessern

Heute werden die meisten Erfindungen in Forschungsabteilungen gemacht. Dort arbeiten Teams daran, Neues zu erfinden: Der Physiker erforscht zum Beispiel Naturphänomene und liefert neue Ansätze für technische Entwicklungen. Die Programmiererin schreibt die benötigten Computerprogramme. Und der Ingenieur kümmert sich um die Planung und die Herstellung des Produkts. Ist das Produkt fertig, kümmern sich andere Profis um den Verkauf.

Im Weltraum gemeinsam forschen

Hast du schon mal von der Internationalen Raumstation – oder kurz: ISS – gehört? Diese Forschungsstation im All wurde erst durch die Zusammenarbeit von 16 Nationen ermöglicht. So wurde sie unter anderem von Expertinnen und Experten aus den USA, Russland, Europa, Kanada und Japan entwickelt und gebaut.

Frauen-Power

Wie Frauen die Wissenschaft eroberten

Im Laufe der Geschichte waren es vor allem Männer, die als Erfinder oder Wissenschaftler berühmt geworden sind. Es gab aber auch viele Frauen, die bahnbrechende Entdeckungen gemacht und geniale Ideen gehabt haben. Doch warum kennen wir viel weniger Erfinderinnen als Erfinder?

Bildung nur für Jungs

Lange Zeit war es nicht üblich, dass Kinder lesen und schreiben lernten. Und auf den wenigen Schulen wurden nur Jungen unterrichtet. Später durften zwar auch Mädchen zur Schule gehen, doch das Gymnasium war weiterhin nur für Jungen! Denn Mädchen sollten vor allem gute Hausfrauen werden. Und da reichte es aus, wenn sie lesen, schreiben und rechnen konnten. Deshalb hatten nur wenige Frauen die Möglichkeit, zu forschen und zu erfinden.

AUF ZUM MOND!
Margaret Hamilton gilt als erste Software-Entwicklerin. Mit ihrer Programmierung sorgte sie mit dafür, dass die erste bemannte Mondmission ein Erfolg wurde.

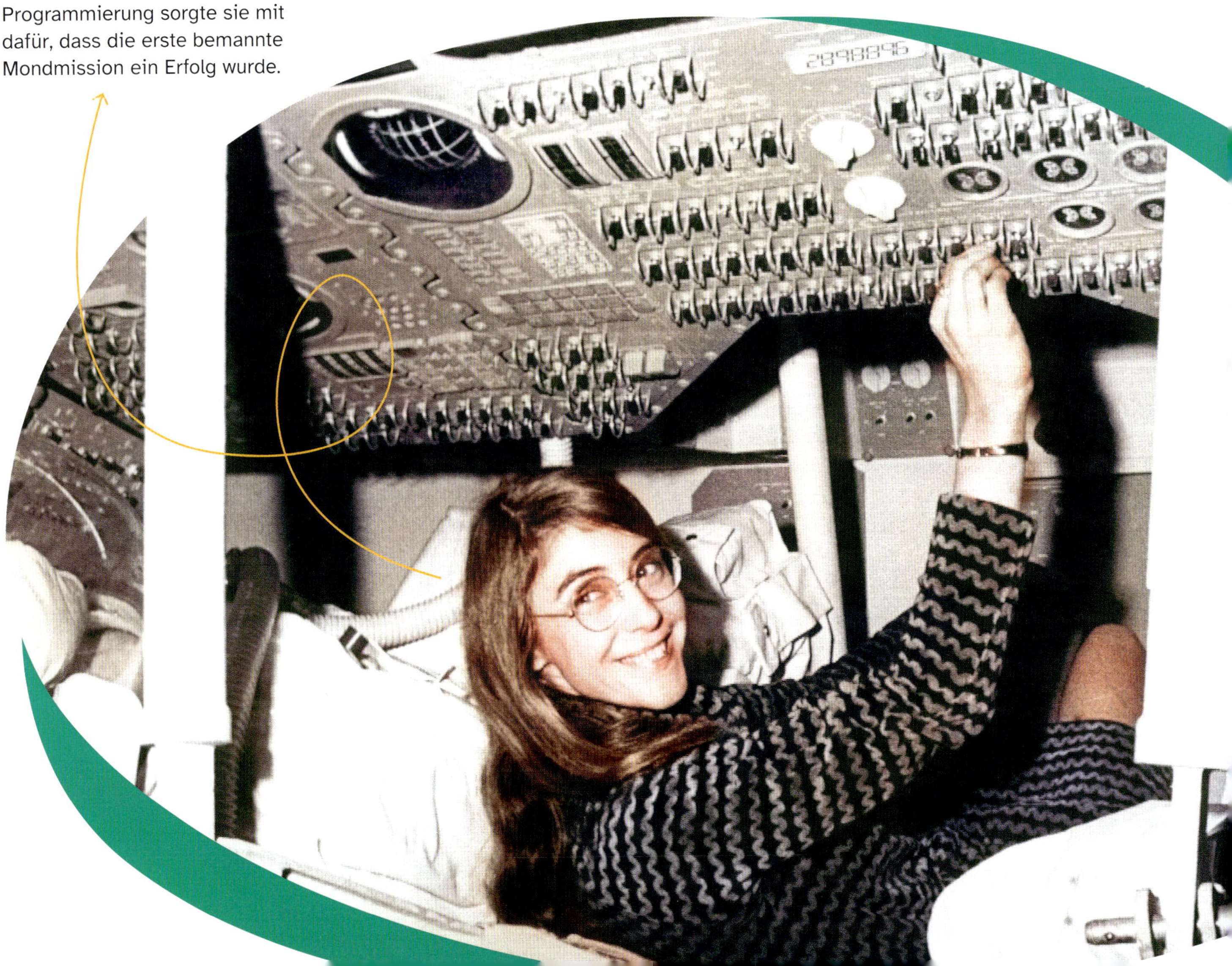

Coole Erfindungen von Frauen

Fallschirm
Käthe Paulus führte waghalsige Kunststücke mit ihrem Heißluftballon auf und erfand einen zusammenfaltbaren Fallschirm. Bis heute hat er unzähligen Menschen bei Flugzeugabstürzen das Leben gerettet.

Leichte Sprache
Computer zu programmieren war extrem mühselig – bis Grace Hopper die erste funktionierende Programmiersprache der Welt entwickelte.

Sicher funken
Hedy Lamarr erdachte ein System zur sicheren Übertragung von Funksignalen. Diese Technik wurde später für die Entwicklung von WLAN und Bluetooth genutzt.

Sehen, wer anruft
Die Studien von Shirley Ann Jackson legten die Grundlagen für die Erfindung der Anruferkennung: Damit kannst du auf dem Telefon sehen, wer dich erreichen will.

ERFOLGREICHES VORBILD
Die Physikerin Shirley Ann Jackson ist nicht nur selbst eine brillante Forscherin. Sie setzt sich auch dafür ein, dass noch mehr Frauen in der Wissenschaft erfolgreich sind.

Frauen an die Unis!

Erst ab 1900 durften in Deutschland auch Frauen an der Uni studieren. Allerdings hatten sie mit großen Schwierigkeiten zu kämpfen: Viele Männer verspotteten die Studentinnen. Auch Jahrzehnte später forschten viele Frauen noch im Hintergrund. So wurden ihre Ergebnisse oft von Männern vorgestellt. Diese heimsten dann den Erfolg ein, während die Frauen unbekannt blieben. Auch die Physikerin Lise Meitner musste hart für ihre Anerkennung kämpfen. Gemeinsam mit Otto Hahn entdeckte sie die Kernspaltung. 1944 erhielt Hahn dafür den Nobelpreis. Die Verdienste von Lise Meitner erwähnte er dabei mit keinem Wort.

Und heute?

Heute können immer mehr Mädchen Forscherin oder Wissenschaftlerin werden. Und in den vergangenen Jahrzehnten haben viele Frauen bahnbrechende Erfindungen gemacht: zum Beispiel in der Gentechnik, im Kampf gegen Krebs oder bei der Entwicklung neuer Computertechnologien und Künstlicher Intelligenz. Trotzdem gibt es immer noch mehr Männer als Frauen in der Wissenschaft. Aber das kann sich ja ändern!

AHA

Was ist Bionik?

Es gibt sogar eine eigene Wissenschaft, die die Tricks der Natur erforscht. So können sie für technologische Entwicklungen genutzt werden. Diese Wissenschaft heißt Bionik. Der Name setzt sich aus den Wörtern Biologie – also die Wissenschaft der Lebewesen – und Technik zusammen.

Abgucken erlaubt

Die Supertricks der Tiere und Pflanzen

Die Natur ist als Erfinderin unschlagbar: Viele Tiere und Pflanzen haben verblüffende Eigenschaften entwickelt, mit denen sie perfekt an ihre Umgebung angepasst sind. Forschende haben sich einige als Vorbild für technische Neuerungen abgeschaut.

NOCH SCHMALER?
Mit ultradünnen Mini-Kameras könnten Smartphones zukünftig noch schmaler werden.

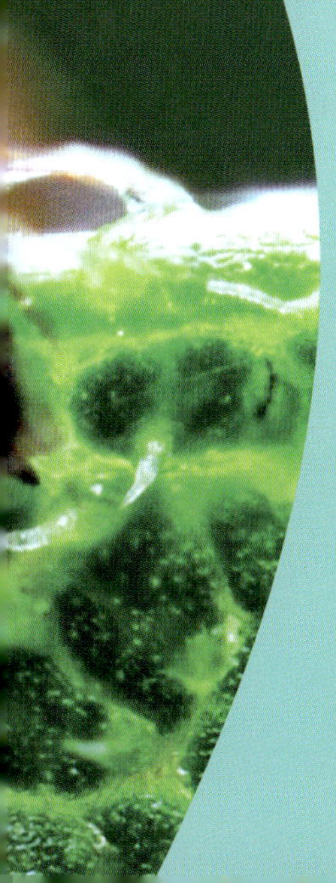

GEFANGEN
Blitzschnell schießt die Zunge des Chamäleons aus dem Maul. Dabei kann sie rund zweimal so lang wie das Chamäleon selbst werden. Ein Rückziehmuskel holt Zunge und Beute zurück ins Maul.

Insektenaugen-Kameras

Fliegen und andere Insekten haben Facettenaugen, die aus vielen Einzelaugen bestehen. Jedes Auge nimmt zeitgleich ein Bild wahr. Nach diesem Vorbild sind ultradünne Kameras gebaut: Darin erzeugen viele nebeneinanderliegende Linsen Einzelbilder, die zu einem großen Bild zusammengesetzt werden. Diese Mini-Kameras haben zum Beispiel Platz in sehr schmalen Smartphones. In Autos eingebaut können sie unter anderem beim Einparken helfen. Und moderne Industrie-Roboter könnten sich damit noch besser in ihrer Umgebung bewegen.

Greifen wie ein Chamäleon

Die lange und klebrige Zunge des Chamäleons ist das perfekte Jagdwerkzeug: Die Zungenspitze stülpt sich wie eine Saugglocke über die Beute und wird wieder eingezogen. Das passiert alles in weniger als einer Sekunde. Fliehen ist zwecklos. Ein Forschungsteam hat nun eine Chamäleon-Zunge künstlich gebaut. Sie soll als Greifer eingesetzt werden, der empfindliche Gegenstände aufnehmen und absetzen kann.

Fast gescheitert

Geniale Zufallserfindungen

Manche Erfinderinnen und Erfinder scheiterten an der Lösung eines Problems. Sie wurden aber trotzdem unerwartet fündig. So machten sie große Erfindungen aus reinem Zufall – oder weil etwas total schiefging.

Superkleber! Oder doch nicht?

Der Chemiker Spencer Silver wurde in seinem Unternehmen damit beauftragt, einen Superkleber zu erfinden. Doch stattdessen entwickelte er versehentlich einen Kleber, der sich ganz leicht wieder ablösen ließ. Was für eine Pleite! Doch später stellte sie sich als Glücksfall heraus: Der Kleber konnte für wiederablösbare Lesezeichen genutzt werden. Schließlich überzeugte Silver auch sein Unternehmen von der Idee und meldete seine Haftnotizen 1973 als Patent an.

Pech gehabt!

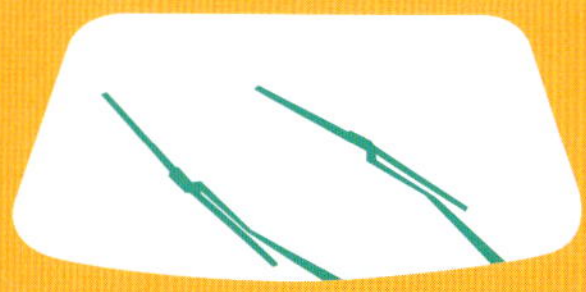

Manchmal sind Erfinderinnen und Erfinder ihrer Zeit voraus. Dann präsentieren sie eine bahnbrechende Neuerung – die aber niemanden interessiert. So ein Pechvogel war Mary Anderson. Sie entwickelte einen Scheibenwischer fürs Auto, doch die Autohersteller glaubten nicht an dessen Erfolg. Erst als Andersons Patent abgelaufen war, änderte sich das. Heute darf der Scheibenwischer an keinem Auto fehlen.

RUTSCHT BESTENS
Auf der superglatten und hitzefesten Teflon®-Fläche bleibt kein Pfannkuchen kleben.

Die Pommes-Pleite

Zur Erfindung der Kartoffelchips gibt es gleich mehrere Entstehungsgeschichten. Eine davon lautet: 1853 ließ der Gast eines Restaurants seine Pommes mehrmals in die Küche zurückgehen. Sie waren ihm einfach nicht knusprig genug. Wütend schnitt der Koch George Crum die Kartoffeln in hauchdünne Scheiben und frittierte sie, bis man sie nicht mehr mit der Gabel aufspießen konnte. Dann salzte er sie ordentlich. Das hatte der Gast nun davon! Doch der freute sich über die knusprige Leckerei – und die Kartoffelchips waren geboren.

In die Pfanne gehauen

Roy Plunkett tüftelte an einem Kühlmittel für Kühlschränke. Dabei erfand er versehentlich das Teflon®. Zunächst kam das hitzefeste und glatte Material nur beim Militär zum Einsatz. Später überzog der Chemiker Marc Grégoire damit seine Angelschnüre, sodass diese leichter zu entwirren waren. Doch dann schlug seine Frau Colette Grégoire vor, den Kunststoff für Pfannen und Töpfe zu nutzen. Seitdem gibt's Teflonpfannen.

Heißer Dampf setzt die riesigen Schaufelräder der Turbine in Bewegung. So wird Wärmeenergie zu Bewegungsenergie – und schließlich zu Strom.

MIT VOLLDAMPF
Die Dampfmaschine veränderte die Arbeitswelt komplett – und treibt bis heute Maschinen an. So sind moderne Dampfturbinen in Kraftwerken im Einsatz. Die mit Wasserdampf erzeugte Drehbewegung wird in einem sogenannten Generator in elektrische Energie umgewandelt.

Aus Wärme wird Strom

NIKOLA TESLA
Der geniale Erfinder wurde als Magier der Elektrizität bekannt. Bei diesem Bild wurde allerdings getrickst: Tesla saß nicht im Raum, während die Blitze zuckten.

Knallharte Konkurrenz

Zwei Forscher – ein Ziel

Konkurrenz kann Erfinderinnen oder Erfinder zu Höchstleistungen antreiben. Manchmal enden solche Wettkämpfe in riesigen Streitereien. Doch diese Konkurrenz kann auch zu einem gemeinsamen Nobelpreis führen.

Sag mal …

Emil, 8 Jahre
»Was ist eigentlich der Nobelpreis?«

»Der Nobelpreis wird an Menschen verliehen, die Herausragendes auf ihrem Gebiet geleistet haben. Vergeben wird der Preis in Medizin, Physik und Chemie. Außerdem in Literatur und für Verdienste für den Frieden.«

GUGLIELMO MARCONI
Er gilt als Begründer der Radiotechnik. Ohne seine Erfindung der drahtlosen Telegrafie gäbe es weder Radio noch Fernseher.

Wer hat die bessere Lösung?

Thomas Alva Edisons Ziel war es, Strom in jedes Haus zu bringen. Dabei setzte er auf Gleichstrom. Nikola Tesla war davon überzeugt, dass dem Wechselstrom die Zukunft gehört. Aber Edison wollte von Teslas Ideen nichts wissen. Deshalb verkaufte Tesla seine Patente an Edisons Konkurrenten, den Unternehmer George Westinghouse. So begann um 1890 ein jahrelanger Streit um die Frage, welcher Strom sich für den Transport über weite Strecken besser eignet. Am Ende setzte sich der Wechselstrom durch.

Zwei Konkurrenten, ein Nobelpreis

Guglielmo Marconi entwickelte die drahtlose Telegrafie, auch Funk genannt. Damit ließen sich Nachrichten erstmals ohne Kabel übertragen. Schon bald entstand ein weltweites Funknetz. Doch auch Karl Ferdinand Braun experimentierte mit der drahtlosen Telegrafie. 1909 erhielten Marconi und Braun für ihre Leistungen gemeinsam den Nobelpreis für Physik.

AHA

Gleichstrom? Wechselstrom?

Strom entsteht, wenn winzige geladene Teilchen, die Elektronen, in eine Richtung durch ein leitendes Material wie Kupfer fließen. Bei Gleichstrom bewegen sie sich in dieselbe Richtung. Beim Wechselstrom wechseln sie die Richtung regelmäßig.

Auf Schienen durch die Welt

Von der Dampflok zum Hochgeschwindigkeitszug

Vor rund 200 Jahren wurde in England die erste Eisenbahnstrecke der Welt eingeweiht. Damit waren die Weichen für das Verkehrsmittel der Zukunft gestellt. Doch von der ersten Dampflok bis zum modernen Hochgeschwindigkeitszug war es ein langer Weg.

VON NÜRNBERG NACH FÜRTH
In Deutschland fuhr die Eisenbahn zum ersten Mal 1835. Der Adler kam auf eine Geschwindigkeit von 35 Kilometern pro Stunde. Für die damalige Zeit war das echt schnell!

Wer hat die Eisenbahn erfunden?

Die erste funktionierende Dampflokomotive setzte der Erfinder Richard Trevithick 1804 auf dic Schiene. Allerdings war sie so schwer, dass die Schienen unter ihrem Gewicht zerbrachen. Erst George Stephenson brachte die Entwicklung der Eisenbahn einige Jahre später ins Rollen. Er verbesserte Trevithicks Lokomotive bis sie endlich einwandfrei fuhr.

Zugfahren verbindet

Schnell wurde in vielen Ländern das Schienennetz ausgebaut, um Städte, Regionen und Länder miteinander zu verbinden. Statt mit der Pferdekutsche reisten nun immer mehr Menschen mit dem Zug. Der war bequemer und viel schneller. Doch die Eisenbahn transportierte nicht nur Fahrgäste, sondern auch Waren aller Art über große Entfernungen. Das beschleunigte den Handel enorm.

Mit dem Zug schweben

1879 präsentierte Werner von Siemens dann die erste elektrische Lokomotive. Damit legte er die Grundlage für den modernen Zugverkehr. Heute brausen Hochgeschwindigkeitszüge mit über 400 Kilometern pro Stunde durch die Landschaften. In einigen Ländern sind zudem Bahnen in Betrieb, die durch die Kraft von Magneten über die Strecke schweben. So entsteht keine Reibung zwischen Rädern und Schienen, die das Tempo bremst. Deshalb gehören Magnet-Schwebebahnen zu den schnellsten Zügen der Welt.

Superschnell!

Der japanische Zug Shinkansen L0 ist derzeit nicht nur die schnellste Magnet-Schwebebahn, sondern überhaupt der schnellste Zug der Welt. Er kann eine Geschwindigkeit von über 600 Kilometern pro Stunde erreichen. An der langen Nase vorne kannst du den Shinkansen L0 leicht erkennen.

AHA

Mit KI gegen Krebs

→ ***Blutkörperchen zählen***
Um Leukämie und andere Blutkrankheiten zu erkennen, wird auch die Anzahl von Blutkörperchen oder Blutplättchen bestimmt. Das kann eine Weile dauern.

→ ***Schneller mit KI***
Um die Auswertung zu beschleunigen, trainierte Tara Moghiseh eine Künstliche Intelligenz darauf, weiße Blutkörperchen zu erkennen und zu zählen.

→ ***Top-Ergebnis***
Ihre Ergebnisse waren sehr genau und lagen viel schneller vor als bei herkömmlichen Methoden. Damit gewann sie 2019 den Bundeswettbewerb »Jugend forscht«.

JUNG UND KLUG
Tara Moghiseh war 17 Jahre alt, als sie ihr Programm entwickelte. Dazu fütterte sie ihren Computer mit tausenden Blutbildern.

Ran ans Erfinden!

Um Erfindungen umzusetzen, musst du nicht warten, bis du erwachsen bist. Das beweisen unzählige junge Erfinderinnen und Erfinder, die nicht nur gute Ideen haben, sondern auch den Mut und die Ausdauer, diese zu verwirklichen.

Mitmachen!

Von der schnell trocknenden Tinte über Springbrunnen mit Solarantrieb bis zur kompostierbaren Einkaufstüte: Bei den Wettbewerben »Jugend forscht« und »Schüler experimentieren« finden junge Forschende schlaue Lösungen für viele Probleme des Alltags. Mitmachen können alle Schülerinnen und Schüler ab der 4. Klasse, die eine Forschungsfrage haben und dazu forschen wollen.

Du willst etwas erfinden?

Dann halte die Augen offen! Denn überall gibt es Probleme, die auf eine Lösung warten.

1 ***Hilfe suchen***
Zusammen geht es leichter, schließlich kannst du ja nicht alles wissen: Wer kann dir bei der Umsetzung helfen?

2 ***Umsetzung planen***
Welche Funktionen hat deine Erfindung? Braucht sie bestimmte Bauteile? Ein genauer Plan hilft dir.

3 ***Kopf hoch!***
Verfolge deine Idee weiter – auch wenn mal etwas schiefgeht. Aus Fehlern kannst du lernen. Sie bringen dich weiter.

4 ***Experimentieren***
Mit Experimenten kannst du überprüfen, ob deine Überlegungen stimmen. Dann heißt es: ausprobieren, umbauen, noch mal versuchen.

Eine Schrift für Blinde

Als Fünfjähriger erblindete Louis Braille. Zu Beginn des 19. Jahrhunderts drohte ihm deshalb ein Leben in Armut und Elend. Doch Braille gab nicht auf und entwickelte im Alter von 16 Jahren eine Blindenschrift. Die Braille-Schrift besteht aus sechs tastbaren Punkten, aus denen sich alle Buchstaben, Zahlen, Satzzeichen und Symbole bilden lassen. Sie wird bis heute weltweit von blinden Menschen genutzt.

Mehr Energie, bitte!

Woher kommt die Energie der Zukunft?

Egal ob Spülmaschine, Computer oder Smartphone: Ohne Energie würde bei uns nicht nur das Licht ausgehen. Energie gewinnen wir heute vor allem aus Kohle, Öl und Gas. Doch nichts davon gibt es unbegrenzt. Deshalb ist der Umbau auf neue Energiequellen in vollem Gange. Schließlich wollen wir auch in Zukunft nicht im Dunkeln stehen.

Brennstoff aus der Urzeit

Kohle, Erdöl und Erdgas lagern tief in der Erde. Sie entstanden im Verlauf von Jahrmillionen aus den Überresten von Pflanzen und winzigen Meereslebewesen. Um Strom und Energie zu erzeugen, verbrennen wir diese Stoffe in großen Mengen. Dabei werden Treibhausgase wie Kohlendioxid frei. Sie sorgen dafür, dass sich die Erde erwärmt und das Klima verändert.

Die Kraft von Wind, Wasser und Sonne

Schon in der Antike nutzten Menschen die Kraft von Wind und Wasser, um Mühlen oder Wasserpumpen anzutreiben. Heute sorgt moderne Technik dafür, dass wir nicht nur aus Wind- und Wasserkraft, sondern auch aus dem Licht der Sonne Energie erzeugen können. Das Tolle daran: Zumindest Sonne und Wind stehen uns im Prinzip unbegrenzt zur Verfügung, und es werden bei der Stromerzeugung keine schädlichen Treibhausgase frei. Damit gelten sie als Energiequellen der Zukunft.

Lösungen gesucht

Allerdings brauchen wir auch dann Energie, wenn es dunkel oder windstill ist. Zudem sind diese Energiequellen ungleich auf der Erde verteilt: Auf dem Meer wehen starke Winde und in der Wüste scheint Sonne satt. Aber wie kann die Energie von dort in die Regionen gebracht werden, wo sie gebraucht wird? Forschende arbeiten daran, Energie immer besser zu speichern und zu transportieren.

IN ZUKUNFT SAUBER
Damit wir von Anfang bis Ende umweltfreundlich Energie gewinnen können, muss noch viel entwickelt werden. Aber wir packen es an!

Super Fakten

1 *Wüsten-Sonne*
In der Wüste Sahara scheint die Sonne so stark, dass schon ein **kleiner Teil der Wüste** ausreichen würde, um ganz Europa mit Strom zu versorgen.

2 *Riesen-Windrad*
Eines der größten Windräder der Welt steht an der Küste Chinas. Es kann **eine ganze Kleinstadt** mit Energie versorgen.

3 *Mega-Flügel*
Bei einigen Mega-Windrädern sind die Rotorblätter – also die langen Flügel – **über 130 Meter** lang. Normal sind ungefähr 70 Meter. Das entspricht in etwa der Breite eines Fußballfelds.

Nur bunt und praktisch?

Wie lösen wir das Plastikproblem?

Plastik ist aus unserer Welt kaum wegzudenken. Es steckt in Spielzeug und Kleidung, in Elektrogeräten und in Verpackungen. Das vielfältig einsetzbare Material ist eine tolle Erfindung, aber es macht auch große Probleme.

Welche Nachteile hat Plastik?

Bei vielen Kunststoffen dauert es mehrere Hundert Jahre, bis sie wieder abgebaut sind. Landet ein Stück Plastik in der Natur, zerfällt es in immer winzigere Teile. Dieses Mikroplastik wird von Tieren gefressen und gelangt schließlich auch in unsere Nahrung. Außerdem wird für die Herstellung der meisten Kunststoffe Erdöl benötigt: ein Rohstoff, der nicht unbegrenzt zur Verfügung steht.

AHA!

Was ist Plastik?

Kunststoffe, auch Plastik genannt, werden künstlich hergestellt. In der Natur kommen sie also gar nicht vor. Meist sind sie leichter als Metalle und gut formbar. Als Erfinder des ersten Kunststoffs, der vollständig chemisch hergestellt wurde, gilt Leo Hendrik Baekeland. Er entwickelte 1907 das Bakelit, aus dem zum Beispiel Radios, Lautsprecher und Telefone hergestellt wurden.

Welche Lösungen gibt es?

Immer häufiger findest du Kunststoffe, die aus nachwachsenden Rohstoffen wie Maisstärke gemacht sind. Aber auch sie landen im Müll oder verbrauchen bei der Herstellung Energie. Zudem gibt es ein Platzproblem: Das Feld, auf dem Mais für die Plastikproduktion angebaut wird, fehlt für den Anbau von Lebensmitteln. Deshalb wird an der Entwicklung neuer Recycling-Technologien gearbeitet. Je besser wir Plastik wiederverwerten können, umso weniger muss neu hergestellt werden.

Immer im Kreis

Wichtig ist, dass wir unseren Müll sorgfältig trennen, denn so lässt er sich einfacher recyclen. Und wenn wir Materialien wiederverwenden, teilen und reparieren, statt ständig neue herzustellen, schont das die Umwelt. Ideen dafür, wie das genau funktionieren könnte, gibt es viele: Technische Geräte sollen so gebaut werden, dass sie zerlegt werden können, um die darin steckenden Materialien erneut zu nutzen. Auch Häuser könnten aus Baustoffen bestehen, die wiederverwendet oder umweltverträglich entsorgt werden können.

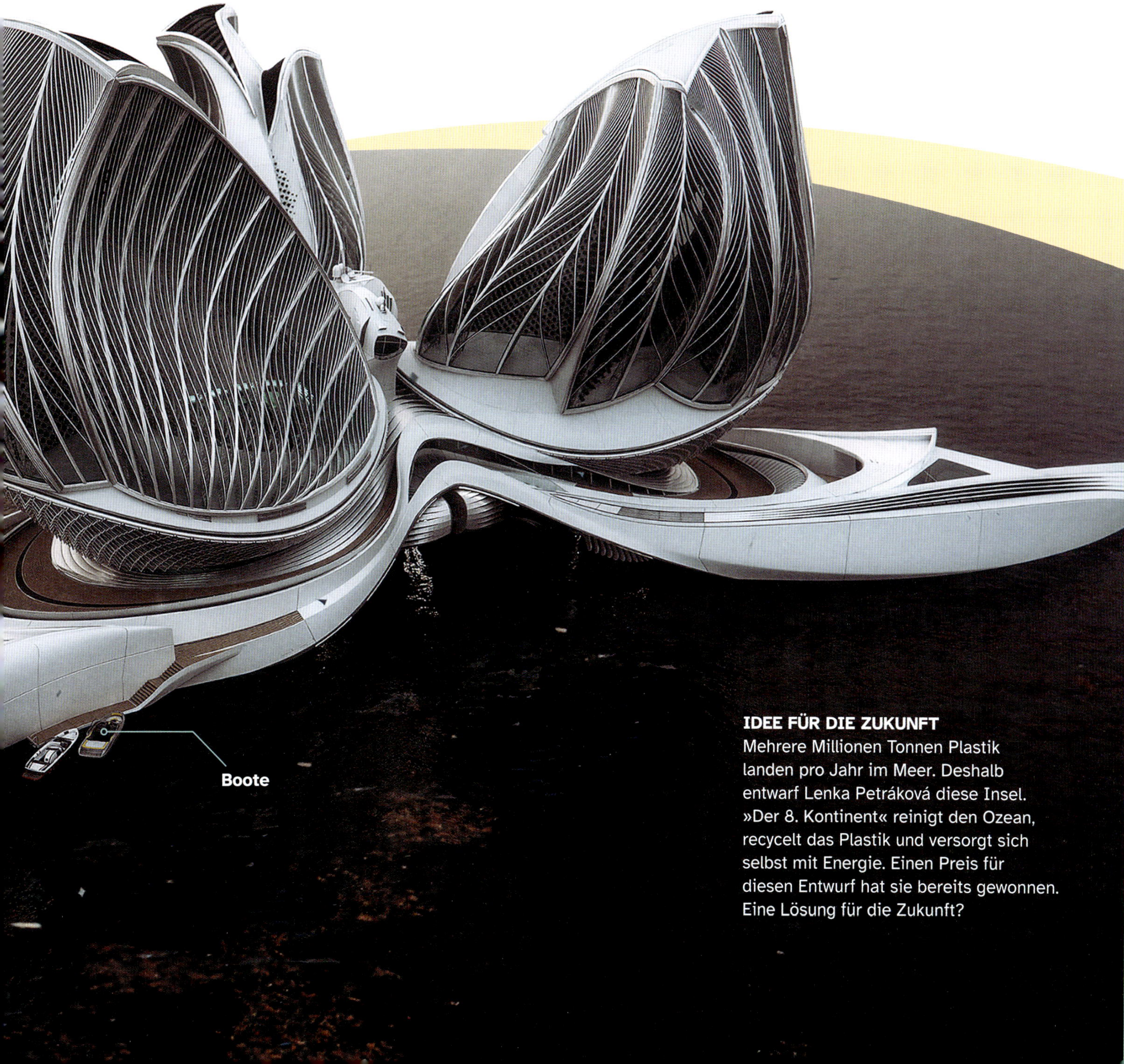

IDEE FÜR DIE ZUKUNFT
Mehrere Millionen Tonnen Plastik landen pro Jahr im Meer. Deshalb entwarf Lenka Petráková diese Insel. »Der 8. Kontinent« reinigt den Ozean, recycelt das Plastik und versorgt sich selbst mit Energie. Einen Preis für diesen Entwurf hat sie bereits gewonnen. Eine Lösung für die Zukunft?

Reise in den Körper

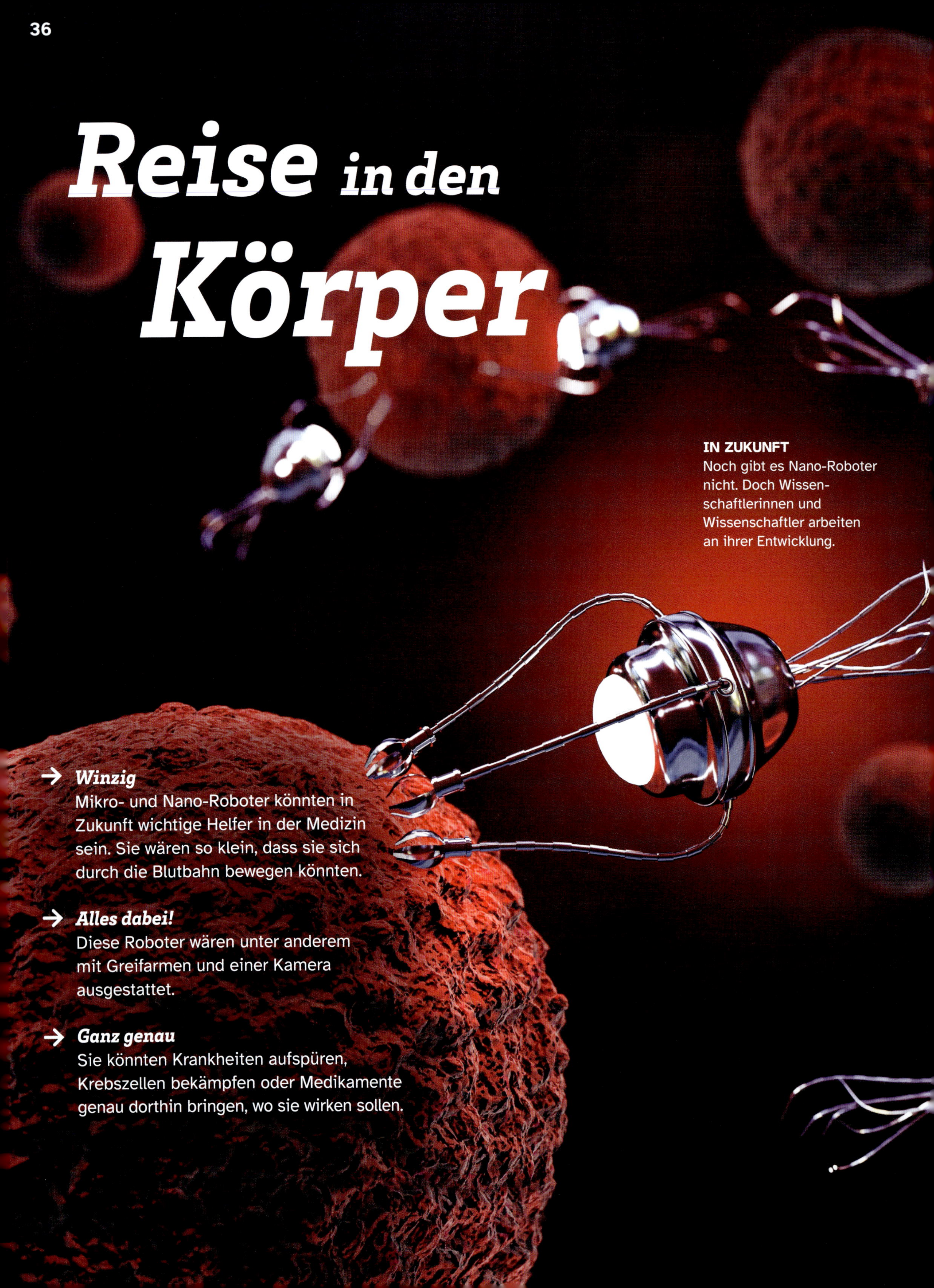

IN ZUKUNFT
Noch gibt es Nano-Roboter nicht. Doch Wissenschaftlerinnen und Wissenschaftler arbeiten an ihrer Entwicklung.

→ ***Winzig***
Mikro- und Nano-Roboter könnten in Zukunft wichtige Helfer in der Medizin sein. Sie wären so klein, dass sie sich durch die Blutbahn bewegen könnten.

→ ***Alles dabei!***
Diese Roboter wären unter anderem mit Greifarmen und einer Kamera ausgestattet.

→ ***Ganz genau***
Sie könnten Krankheiten aufspüren, Krebszellen bekämpfen oder Medikamente genau dorthin bringen, wo sie wirken sollen.

Sag mal ...

Aylin, 10 Jahre
»Was heißt eigentlich Nano?«

»Nano ist das griechische Wort für Zwerg. Außerdem bedeutet es Milliardstel. Ein Nano-Roboter ist nur wenige Milliardstel Meter klein.«

Wissen rettet Leben

In den vergangenen 150 Jahren machte die Medizin gewaltige Fortschritte: Forschende entdeckten Bakterien und Viren als Krankheitsauslöser. Sie entwickelten neue Impfstoffe und Medikamente. Und immer bessere Behandlungsmethoden führten dazu, dass wir Krankheiten schneller erkennen und besser heilen können.

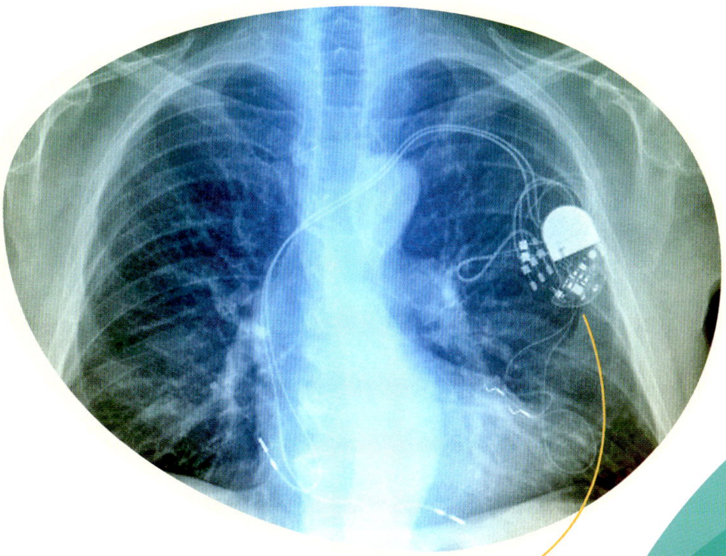

COMPUTER IM KÖRPER
Herzschrittmacher sind Mini-Computer, die über feine Drähte mit dem Herz verbunden sind und durch eine Batterie angetrieben werden.

Technik fürs Herz

Eine von vielen wichtigen Erfindungen ist die des Herzschrittmachers. Der erste Herzschrittmacher wurde 1958 in einer Not-Operation eingesetzt und rettete dem Patienten das Leben. Allerdings musste er bereits nach einigen Stunden gegen ein neues Modell ausgetauscht werden. Im Laufe der Zeit wurden die Herzschrittmacher dann immer kleiner, haltbarer und leistungsstärker.

Klein, aber oho!

Herzschrittmacher können so klein wie eine Zwei-Euro-Münze sein. Der Mini-Computer überprüft ständig den Herzschlag. Bei Bedarf gibt er dann einen elektrischen Impuls ins Herz ab. So sorgt er dafür, dass das Herz immer im richtigen Takt schlägt. Bei einer Untersuchung kann der Arzt oder die Ärztin anhand der Daten, die der Herzschrittmacher sammelt, überprüfen, wie gut das Herz arbeitet.

Den Bauplan verstehen

Alle Informationen, die für die Entstehung eines Lebewesens benötigt werden, befinden sich in den Genen. Ein defektes Gen kann der Grund für eine Krankheit sein. Deshalb ist die Erforschung der Gene im vollen Gange. Forschende arbeiten an neuen Technologien, um kaputte Gene zu reparieren oder auszutauschen. So können sie Krankheiten heilen.

AHA

Vom Wasser ans Land

Weil die Wellen nicht günstig waren, um auf dem Ozean zu surfen, verlegten einige Surfer in Kalifornien, USA, ihren Sport kurzerhand auf die Straße: In den 1950er-Jahren bauten sie Rollen unter kleine Bretter, um auch an Land surfen zu können. Damit waren die ersten Skateboards erfunden.

Sportlich, sportlich!

Aber wer hat die Sportarten erfunden?

Viele Sportarten haben sich im Laufe der Zeit entwickelt. So wissen wir zum Beispiel nicht, wer den Speerwurf oder das Boxen erfunden hat. Auch beim Fußball oder beim Hockey entstanden die heutigen Regeln erst nach und nach. Es gibt aber auch Sportarten, bei denen man genau sagen kann, wer sie sich ausgedacht hat.

HOCH IN DIE LUFT!
Wäre es nicht schön, auf einem Sprungtuch zu springen und dabei tolle Tricks zu wagen? Das dachte sich auch George Nissen – und erfand gemeinsam mit Laurens Griswold das Trampolin. Das Wort kommt aus dem Spanischen und bedeutet so viel wie Sprungbrett.

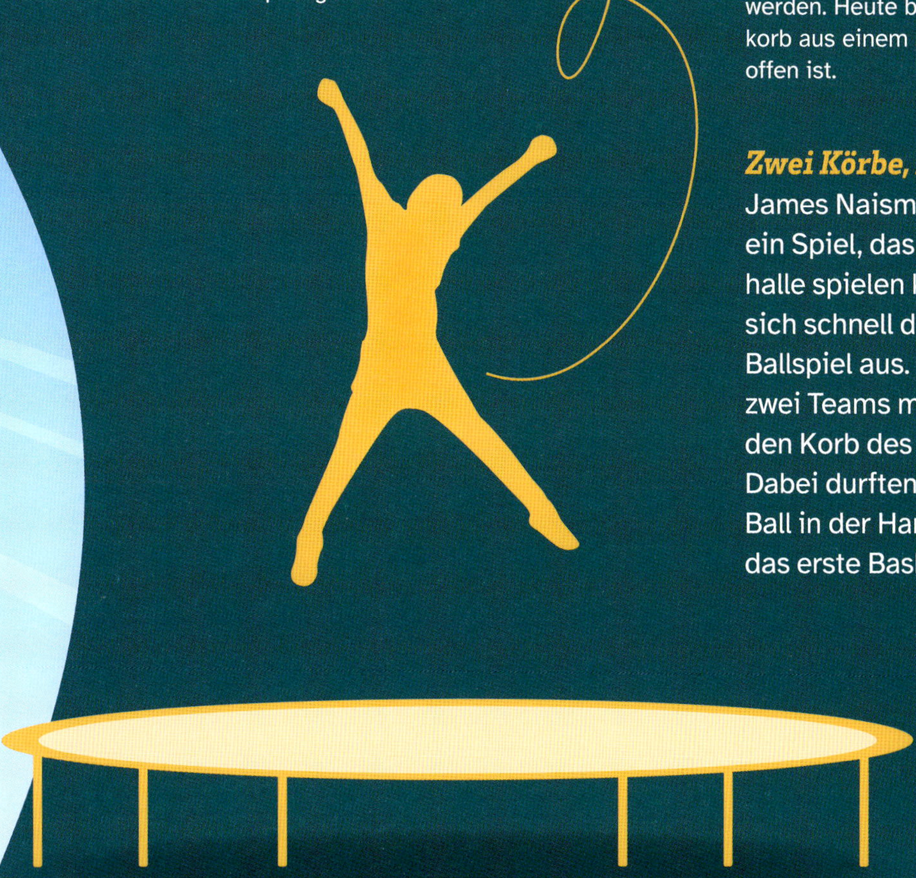

ANDERE KÖRBE, GLEICHES SPIEL
Der Erfinder des Basketballs, James Naismith, nutzte Körbe, die unten einen Boden hatten. Nach jedem Treffer musste der Ball erst wieder herausgeholt werden. Heute besteht der Basketballkorb aus einem Ring mit Netz, das unten offen ist.

Zwei Körbe, zwei Teams, ein Ball

James Naismith suchte für seine Studenten ein Spiel, das sie im Winter in der Sporthalle spielen konnten. Und so dachte er sich schnell die Regeln für ein neues Ballspiel aus. Ganz vereinfacht: Jedes der zwei Teams musste versuchen, den Ball in den Korb des anderen Teams zu werfen. Dabei durften die Spieler nicht mit dem Ball in der Hand laufen. Und so fand 1891 das erste Baskteballspiel statt.

STARKE HELFER
Schon heute erleichtern uns Roboter in vielen Bereichen die Arbeit: Industrie-Roboter bauen Autos und andere Produkte zusammen. In der Landwirtschaft helfen sie bei der Ernte oder übernehmen das Melken der Kühe. Andere tauchen auf den Ozeangrund oder reisen zum Mars. Und dank neuer Technologien arbeiten sie immer selbstständiger. So könnten zukünftige Roboter dank Künstlicher Intelligenz vielleicht vollautomatisch Pflanzen säen, Unkraut jäten und Gemüse ernten.

Schlaue Maschinen

Die Roboter der Zukunft werden immer intelligenter, einfühlsamer und genauer. Außerdem werden sie niemals müde!

Smarte neue Welten

Willkommen in der Virtual Reality

Du möchtest durch den tropischen Regenwald laufen? In den Weltraum reisen? Oder einen Düsenjet steuern? Mit der richtigen VR brauchst du dafür nicht einmal aus dem Haus zu gehen. VR ist die Abkürzung für Virtual Reality, auf Deutsch: virtuelle Realität. Das ist eine vom Computer künstlich erzeugte Welt, die täuschend echt erscheint.

Mit allen Sinnen erleben

Schon vor rund 75 Jahren träumte Morton Heilig von virtuellen Welten. Deshalb baute er eine Art Ein-Personen-Kino, das in etwa die Größe einer Telefonzelle hatte. Die Zuschauerin oder der Zuschauer konnte darin Filme nicht nur in 3D sehen, also räumlich wie in der echten Welt. Es gab auch einen vibrierenden Sitz sowie Ventilatoren, die für Luftströmungen sorgten. Zudem arbeitete Morton Heilig mit Gerüchen. So war bei einer Motorradszene der Fahrtwind zu spüren oder bei einer Tanzszene das Parfüm der Tänzerin zu riechen. Später erfand er die erste VR-Maske.

Was ist ein digitaler Zwilling?

Viele Erfinderinnen und Produktentwickler arbeiten inzwischen mit einem digitalen Zwilling. Das ist eine digitale Kopie eines echten Gegenstands, zum Beispiel eines Rennwagens, eines Flugzeugtriebwerks oder einer neuen Erfindung. Mit dieser digitalen Kopie können verschiedene Experimente gemacht und die Ergebnisse zur Verbesserung des echten Produkts genutzt werden.

ALLES IN 3D
In der VR hast du einen Rundumblick. Das macht es noch einfacher, in die Welt einzutauchen.

Mit der Brille in neue Welten

Heute können wir ganz bequem in virtuelle Welten eintauchen. Man benötigt dazu eine gute Internetverbindung und die richtige Ausrüstung: Neben der VR-Brille gehören dazu Controller. Diese übertragen deine Körperbewegungen in die VR, damit du dich dort auch bewegen kannst.

Lernen mit VR

VR kommt nicht nur in Computerspielen zum Einsatz. Sie eignet sich auch prima, um Dinge zu lernen: So können sich angehende Pilotinnen und Piloten auch von zu Hause aus mit dem Flugzeug-Cockpit vertraut machen. Wer Medizin studiert, schaut sich die Organe in 3D an oder lernt im virtuellen Operationssaal. Und Menschen, die unter Höhenangst leiden, üben in der VR auf einer Aussichtsplattform zu stehen, um ihre Angst zu überwinden.

Wie echt ist die virtuelle Welt?

Je besser diese Technologie wird, desto echter werden sich die Ausflüge anfühlen. Aber was bedeutet das für unser Leben? Werden wir uns irgendwann nur noch virtuell treffen? Und reisen wir nur noch in der VR um die Welt? Aber woher sollen wir dann wissen, was echt ist? Das sind Fragen, auf die wir heute noch keine Antwort haben.

Wie sieht die Zukunft aus?

Neue Erfindungen für die Welt von morgen

Wie unser Leben in 100 Jahren aussehen wird, ist noch vollkommen offen. Trotzdem lohnt es sich, zu schauen, woran schon heute geforscht wird. Vielleicht sind die hier vorgestellten Zukunftsideen ja irgendwann aus unserem Alltag nicht mehr wegzudenken?

Drucken statt kochen

Kuchen aus dem 3-D-Drucker? Oder doch lieber ein Steak? Warum nicht! Schon heute arbeiten Forschende daran, Nahrung künstlich herzustellen. Vielleicht geben wir irgendwann einfach in den Computer ein, was wir essen wollen, und drucken es anschließend aus. Noch ist das eine wilde Idee. Aber erste 3-D-Drucker, die Nahrungsmittel drucken, gibt es bereits.

Ab durch die Luft

Manchmal muss es besonders schnell gehen: Wäre es dann nicht toll, wenn wir uns einfach ein selbst fliegendes Flugtaxi rufen könnten? Einige Unternehmen arbeiten schon an leisen, wendigen Fluggeräten, die auch in der Stadt starten und landen könnten. Aktuell werden diese Modelle noch von einem Piloten oder einer Pilotin geflogen oder vom Boden aus gelenkt. Aber vielleicht wird der Traum vom autonom fliegenden Flugtaxi ja noch Wirklichkeit!

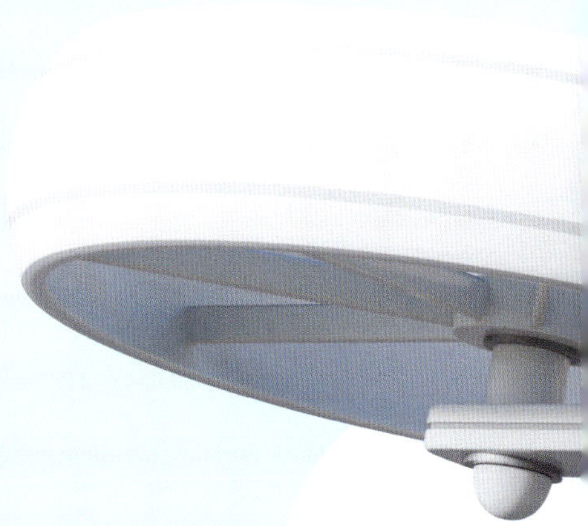

Intelligente Maschinen

Eine KI, kurz für Künstliche Intelligenz, ist ein Computerprogramm, das Aufgaben selbstständig erledigen und Entscheidungen treffen kann. Dazu wertet die KI auch riesige Datenmengen blitzschnell aus, sammelt passende Informationen und zieht daraus Rückschlüsse. Zudem lernt sie aus Erfahrungen. Schon heute gibt es immer neue Bereiche, in denen KI verwendet wird. Und die zukünftigen Einsatzmöglichkeiten sind riesig.

Super-Prothesen

Manche Menschen verlieren einen Arm oder ein anderes Körperteil bei einem Unfall oder durch eine Krankheit. Anderen Menschen fehlt ein Körperteil von Geburt an. Oft hilft ihnen eine Prothese, also ein künstliches Körperteil. Die kann schon heute voller Technik stecken. So gibt es Armprothesen, die sich über Gedanken steuern lassen. Nun arbeiten Forschende an Prothesen, mit denen noch feinere Bewegungen möglich sind und mit denen Reize von außen wahrnehmbar sind. So soll man mit ihnen wieder richtig fühlen können.

WOHIN SOLL ES GEHEN?
Das Flugtaxi der Zukunft muss senkrecht wie ein Hubschrauber starten können, damit es alle Ziele in der Stadt anfliegen kann.

Könnte so die Stadt der Zukunft aussehen? Oder doch ganz anders?

KREATIVE LÖSUNGEN GESUCHT
Auf dem Hochhausdach wird Gemüse angebaut und an den Hausfassaden wachsen Blumen. Statt Autostraßen gibt es Radwege – oder wir sind mit ganz neuen Fahrzeugen unterwegs. Ideen für die Zukunft gibt es viele. Es bleibt also spannend.

Hallo Zukunft!

Wer hat dieses Buch geschrieben?

UNSERE AUTORIN
Im Internet findet man viel – in Büchern aber oft noch viel mehr! Deshalb ist Andrea häufig in Büchereien und Buchhandlungen unterwegs.

Im Gespräch mit …

Andrea Weller-Essers, Kindersachbuchautorin
Fast wäre Andrea Lehrerin geworden, dann hat sie es sich aber in letzter Sekunde anders überlegt. Stattdessen schreibt sie Sachbücher für verschiedene Altersgruppen. Mit ihrem Mann und ihren Kindern lebt sie in Berlin.

WAS IST DEINE LIEBLINGSERFINDUNG?

Das Internet! Denn es ist wie eine gigantische digitale Rumpelkammer, in der man auf die tollsten Sachen stößt – auch wenn man dafür manchmal etwas länger suchen muss …

WAS MÜSSTE UNBEDINGT MAL ERFUNDEN WERDEN?

Da gibt es vieles … Wie wäre es zum Beispiel mit einem Plastikumwandler? Oben wirft man altes Plastik rein, dann sagt man dem Umwandler, was man gerne hätte – und sofort spuckt er unten den gewünschten Gegenstand aus. So könnte man zum Beispiel aus altem Sandspielzeug ratzfatz einen neuen Gartenstuhl machen.

WAS SIND DEINE TIPPS FÜR ERFINDERINNEN UND ERFINDER?

Immer neugierig bleiben. An die eigene Idee glauben. Und nicht sofort aufgeben, wenn's mal nicht klappt. Das gilt übrigens nicht nur für Erfinderinnen und Erfinder, sondern auch für Autorinnen und Autoren.

Bildquellennachweis:
AdobeStock: 15r (michels); **Getty Images:** Inh.-Verz.um (Luftfahrzeug: zf L), 7 (Bloomberg / Kontributor), 28-29ur (Bloomberg / Kontributor), 45u (Luftfahrzeug: zf L); **iStock:** 38 (MichaelSvoboda), 39or (South_agency); **mauritius images:** 37ul (Science Photo Library); **NASA:** 10-11 (PD / Joel Kowsky); **picture alliance:** Inh.-Verz.om (ASSOCIATED PRESS), 8or (Ralf Hirschberger / dpa), 14ul (KATSUMI KASAHARA / AP), 18u (ASSOCIATED PRESS), 19m (TIM ROSKE / AP), 28or (Michael Richter / zb), 30 (Uwe Anspach / dpa), 34-35u (Lenka Petráková/Cover-Images.com); **Reents, Silke:** 48ur; **Shutterstock:** Inh.-Verz.ul (Gorodenkoff), Inh.-Verz.r (Mila Drumeva), 2ul (oluuuka), 4or (Photoroyalty), 5 (AstroStar), 9u (metamorworks), 12 (Lukas Gojda), 15ol (Twin Design), 16 (Gorodenkoff), 17ur (Dima Zel), 20 (Seeler), 21ml (fizkes), 22ul (sasirin pamai), 23m (H_Ko), 24-25 (arogant), 32-33 (milan noga), 36 (NESSDesign), 40-41 (Suwin66), 42-43om (Gorodenkoff), 46-47 (Mila Drumeva), 48Hg. (sunflowerthe8); **Wikipedia:** 13ol (PD / John T. Daniels), 26 (PD / Dickenson V. Alley), 27ml (PD / Published anonymously in UK.)

Vorsatz: Shutterstock: (Stock Rocket)

Umschlagfotos: picture alliance: U1 (Eugenio Marongiu / Westend61) **Wikipedia:** U4 (CC BY 4.0/kkiks_);

Gestaltung: Tessloff Verlag
Lektorat: Lisa Herden
Grafik: Martina Green
Bildredaktion: Julia Kitzig, Die Bildbeschaffer GmbH
Drucker: Livonia Print

qualitaet@tessloff.com
www.tessloff.com

ISBN 978-3-7886-8171-5

✓ Hab ich schon.

✗ Brauch ich noch!